SOPHIE

George

Yoga
bebés
a las 14 h.

Emily

HONEY

Winnie

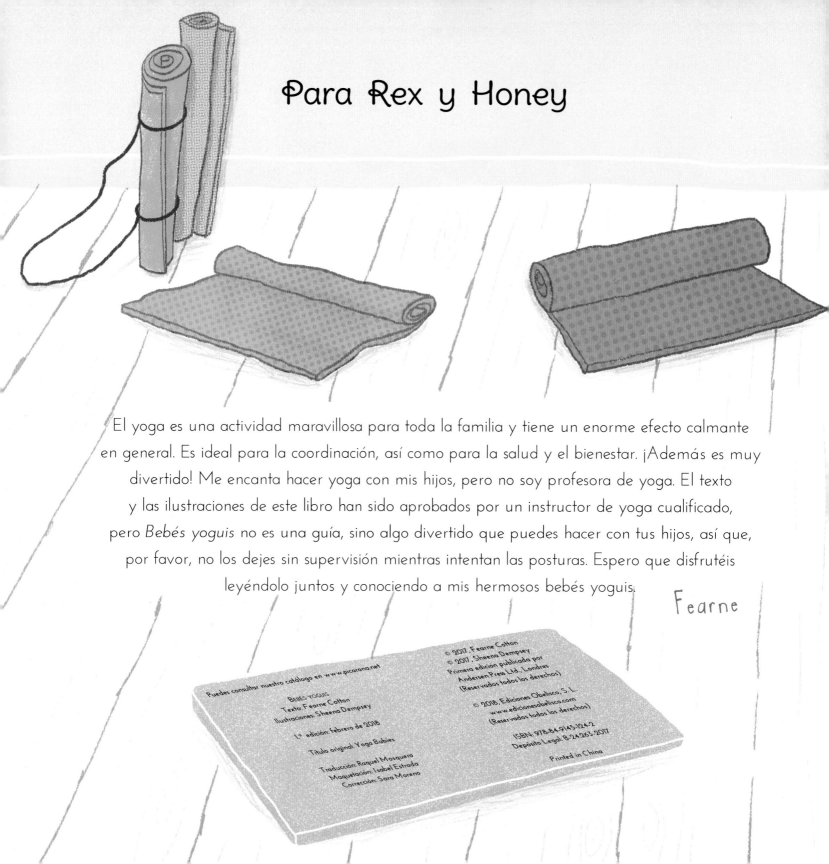

Para Rex y Honey

El yoga es una actividad maravillosa para toda la familia y tiene un enorme efecto calmante en general. Es ideal para la coordinación, así como para la salud y el bienestar. ¡Además es muy divertido! Me encanta hacer yoga con mis hijos, pero no soy profesora de yoga. El texto y las ilustraciones de este libro han sido aprobados por un instructor de yoga cualificado, pero *Bebés yoguis* no es una guía, sino algo divertido que puedes hacer con tus hijos, así que, por favor, no los dejes sin supervisión mientras intentan las posturas. Espero que disfrutéis leyéndolo juntos y conociendo a mis hermosos bebés yoguis.

Fearne

Puedes consultar nuestro catálogo en www.picarona.net

Bebés yoguis
Texto: Fearne Cotton
Ilustraciones: Sheena Dempsey

1ª edición: febrero de 2018

Título original: Yoga Babies

Traducción: Raquel Mosquera
Maquetación: Isabel Estrada
Corrección: Sara Moreno

© 2017, Fearne Cotton
© 2017, Sheena Dempsey
Primera edición publicada por
Andersen Press Ltd., Londres
(Reservados todos los derechos)

© 2018, Ediciones Obelisco, S. L.
www.edicionesobelisco.com
(Reservados todos los derechos)

ISBN: 978-84-9145-124-2
Depósito Legal: B-24263-2017

Printed in China

FEARNE COTTON

Bebés Yoguis

Ilustraciones: SHEENA DEMPSEY

 Picarona

Somos los bebés yoguis,
mira lo que podemos hacer.

George puede sentarse así de recto.

¿Puedes hacerlo tú también?

Ésta es la pequeña Honey,
tocándose la nariz se lo pasa bien.

Pero no lo hace con sus manitas,
¡sino con los dedos del pie!

Maya está haciendo el puente,
mira cómo arquea la espalda.

¿Quién juega con su coche ahí debajo?
Es su hermano Jack, ¡menuda cara!

Somos los bebés yoguis,
mira lo que podemos hacer:
Rex puede hacer el perro boca abajo.
¿Puedes hacerlo tú también?

Sophie y su mamá han tenido
el peor día de la semana.

Ben enfermó...

el coche
se estropeó...

y Tiggs se escapó
por la ventana.

—¡Es la hora del yoga! –dice mamá–.
Respira hondo y relájate.

Pero a veces es difícil hacerlo
¡con alguien sobre tu espalda!

Dos ratones en el suelo,
muy muy bien enroscados.
Son Tom y Sam en la postura del ratón dormido;
esta noche dormirán relajados.

Prakash y su abuelita
en el suelo empiezan a estirar,
haciendo movimientos MUY GRANDES
mientras Prakash grita: «¡Más!».

Somos los bebés yoguis.
Mira lo que podemos hacer:
Winnie es una mariposa,
¿tú también lo puedes ser?

¿Puedes ver el árbol
allí afuera, en el jardín?
Alto, recto y no se tambalea.
¡Buen trabajo, Emily!

Papá y Kit estiran bajo el sol,
sobre esterillas y sin zapatos,
arqueando así la espalda,
hasta parecer gatos.

Sí, somos los bebés yoguis
de la cabeza a los pies.

Estiramos, respiramos, nos divertimos...

...y después dormimos como bebés.

Postura del gato

Postura del arcoíris

Postura del bebé feliz

Postura del ratón dormido

Perro boca abajo